GRETA E LE ALTRE – Un Pianeta da Salvare
Text : Fulvia Degl'Innocenti
Illustrations : Francesca Rizzato
Copyright ⓒ 2019 SETTENOVE, Italy

This agreement was arranged by FIND OUT Team Srl, Novara, Italy.
Korean Translation Copyright ⓒ 2019 Mind Bridge Publishing

이 책의 한국어판 저작권은 Icarias Agency를 통해 Settenove와 독점 계약한
도서출판 마음이음에 있습니다. 저작권법에 의하여 한국 내에서 보호를 받는
저작물이므로 무단전재와 복제를 금합니다.

그레타 툰베리와 친구들, 학교보다 지구!
초판 5쇄 발행 2025년 7월 10일

지은이 풀비아 델리 인노첸티 **그린이** 프란체스카 리차토 **옮긴이** 황지영
펴낸이 정혜숙 **펴낸곳** 마음이음
사진제공 청소년기후행동, 연합뉴스

책임편집 이금정
등록 2016년 4월 5일(제2016-000005호)
주소 03925 서울시 마포구 월드컵북로 402, 9층 917A호(상암동 KGIT센터)
전화 070-7570-8869 **전자우편** ieum2016@hanmail.net **팩스** 0505-333-8869
블로그 https://blog.naver.com/ieum2018 **인스타그램** @mindbridge_publisher

ISBN 979-11-89010-12-6 73450
　　　979-11-960132-3-3 (세트)

이 책의 내용은 저작권법의 보호를 받는 저작물이므로 무단전재와 복제를 금합니다.
책값은 뒤표지에 있습니다.

어린이제품안전특별법에 의한 제품표시
제조자명 마음이음 **제조국명** 대한민국 **사용연령** 9세 이상 어린이 제품
KC마크는 이 제품이 공통안전기준에 적합하였음을 의미합니다.

그레타 툰베리와 친구들

학교보다 지구!

풀비아 델리 인노첸터 지음
프란체스카 리차토 그림
황지영 옮김

마음이음

아스트리드는 한참 동안 여자아이를 멀리서 바라보았어요. 그 아이는 스웨덴 국회 의사당 앞에 꼼짝 않고 앉아 있어요. 노란 비옷을 입고, 길게 땋은 머리는 진지한 표정을 한 동그란 얼굴 양옆으로 곧게 뻗어 있어요.

포스터에는 크고 굵은 글씨로 '기후를 위한 등교 거부'라고 쓰여 있어요.

사실 아스트리드도 오늘 학교에 가야 했지만 이야기로만 들었던 그 아이, 그레타 툰베리를 가까이서 보고 싶었어요.

뉴스에서 보긴 했지만 그 아이를 더 잘 알고 싶었어요. 묻고 싶은 질문이 많았지요.

학교 블로그에 올릴 기사를 쓰고 싶은데 과연 그레타가 응해 줄까요?

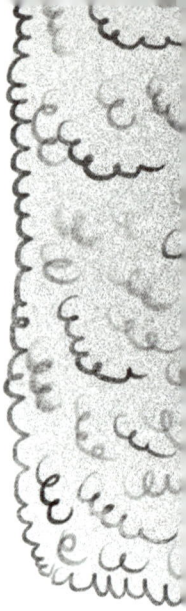

    아스트리드는 그레타가 아스퍼거 증후군*이라 부르는 자폐증이 있다는 걸 알고 있어요.

    그래서 그레타는 다른 사람들과 눈을 마주치며 이야기를 나누기가 어려워요. 하지만 아스트리드는 '나는 그레타와 나이가 같으니까 좀 더 편하게 느낄지도 몰라.'라고 생각했어요.

    아스트리드는 그레타에게 다가갔어요.

---

*아스퍼거 증후군: 정확한 원인은 알려져 있지 않으나, 언어 발달과 사회 적응이 느린 것이 특징이다. 고집이 세고, 특별히 관심 있는 것에만 깊이 빠져드는 경향이 있다.

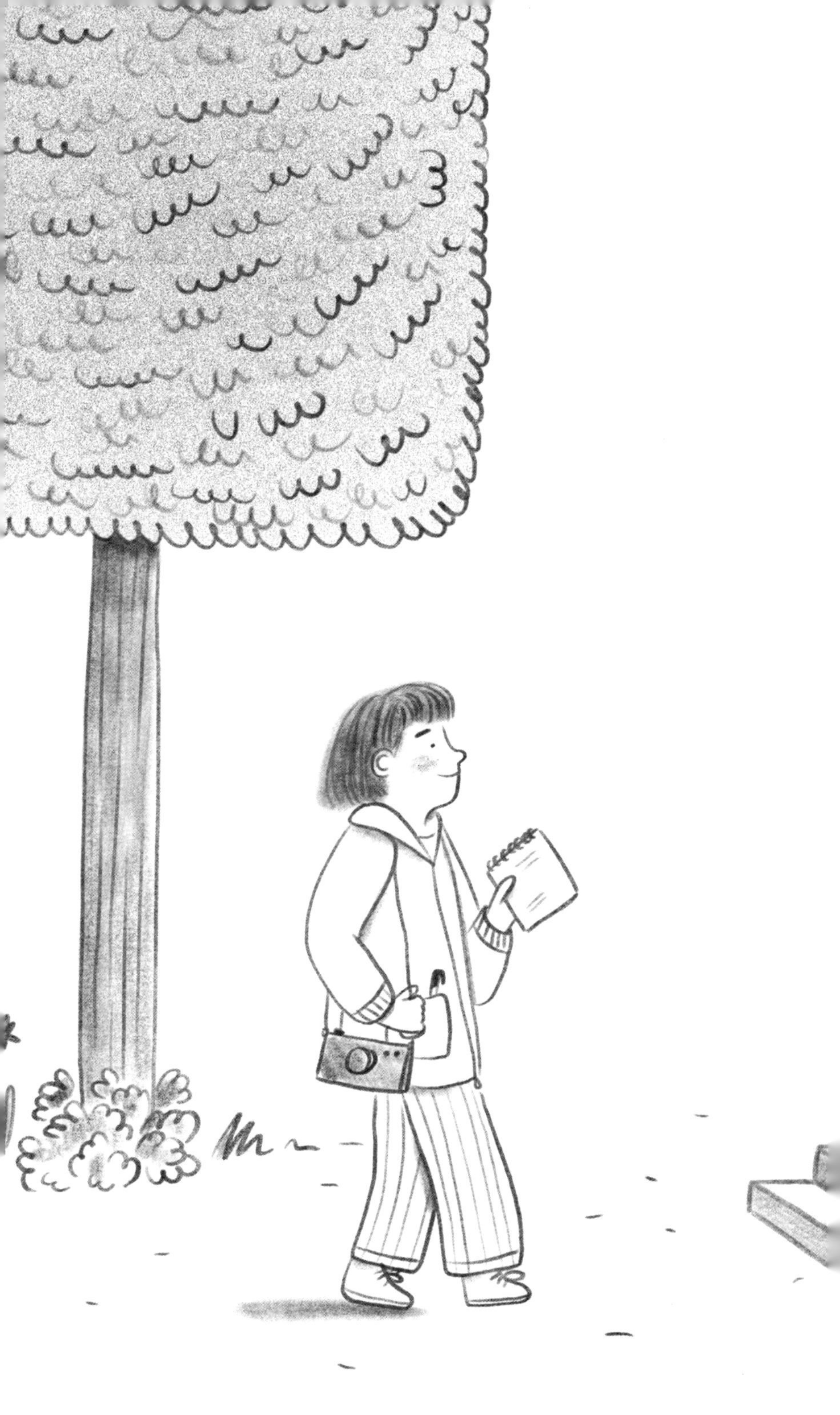

"안녕, 나는 아스트리드야."

"안녕."

"나와 우리 반 친구들은 너의 용기 있는 행동에 박수를 보내고 있어. 너를 좀 더 알고 싶어. 우리 학교에는 블로그가 있는데 환경을 비롯해 다양한 주제를 다루고 있어. 내가 몇 가지 물어봐도 될까? 물론 네가 괜찮다면 말이야……."

그레타는 진지하고 심각한 표정으로 아스트리드를 쳐다보더니 이내 다시 허공을 응시했어요.

"알고 싶은 게 뭐야?"

"음……, 무엇부터 물어봐야 할지 모르겠네. 네가 언제부터 환경에 관심을 갖기 시작했는지, 어떻게 이런 시위를 하게 되었는지, 그리고 너의 가족에 대해서도 궁금해. 녹음을 좀 해도 될까?"

아스트리드는 휴대 전화를 그레타에게 보여 주며 물었어요.

"그러렴. 나는 우리 가족이 굉장히 자랑스러워. 어머니 말레나 에른만은 오페라 가수이고, 아버지 스반테는 배우로 일하고 계셔. 우리 조상 중 한 분인 스반테 아레니우스는 1903년에 노벨 화학상을 받았고, 지구 온난화에 대해 연구하셨어. 화석 연료 사용이 지구 온난화에 큰 영향을 미친다는 내용을 세계 최초로 밝혀냈지."

"와! 환경 문제에 관심이 많은 건 네 조상 때부터였구나."

아스트리드가 놀란 목소리로 말했어요.

"어렸을 때부터 너의 부모님이 환경에 대한 이야기를 많이 해 주셨니?"

"아니, 전혀. 텔레비전에서 지구 온난화로 인한 자연재해 이야기가 나오면 채널을 돌리곤 하셨어. 부모님은 내가 만화 영화를 보는 걸 더 좋아하셨지.

8살 때부터 나는 이런 부모님의 행동에 화가 나기 시작했어. 나는 지구가 얼마나 망가지고 아픈지 실상을 알고 싶었어."

"학교에서는 플라스틱으로 오염되는 바다와 사막화 현상에 대해 가르쳐 주었어. 그리고 나는 마침 빙하가 녹는 것을 다룬 다큐멘터리를 보게 되었어. 북극곰들이 방향을 잃고 굶주린 채로 떠돌아다녔어. 어찌나 말랐던지 가죽이 뼈에 붙어 있었지.

나는 다큐멘터리를 보는 내내 울었어. 우리 반 친구들도 충격을 받고 걱정했지만 곧 잊어버렸지.

하지만 나는 가슴 아팠던 장면들이 머릿속에서 지워지지가 않았어. 나에게는 중간이 없어. 그렇게 태어난 걸 어떡해."

"그렇구나……. 네가 아스퍼거 증후군이라는 기사를 본 적이 있어."

아스트리드는 그레타가 기분 상할까 봐 조심스럽게 말했어요.

그레타는 바로 이어 말했어요.

"나에게는 흑 아니면 백, 둘 중 하나야. 회색은 존재하지 않아. 아스퍼거 증후군의 특징 중 하나지. 11살 때 나에게 이런 장애가 있다는 사실을 알았어.

이 진단을 받기 전까지 나는 말도 안 하고, 먹지도 않고, 학교에 가는 것도 싫었어. 자신들이 기대하는 대로 내가 행동하길 바라는 사람들과 함께 있기가 너무 힘들었지. 하지만 진단을 받은 후에 내가 누구이며 어떤 사람인지를 깨달았어. 그러고 나니 모든 일이 전보다 좋아졌어."

"지금 나와 얘기하는 걸 보니 정말 그러네."

"내가 하는 일과 환경 문제에 대해 네가 관심을 보여서 인터뷰하는 거야. 내가 전하는 말이 다른 아이들의 눈을 열어 줘서 그들도 환경 문제를 이해하고 함께 해결하도록 나설 수 있다고 생각했기 때문이지."

"넌 환경을 위해 무엇부터 시작했어?"

"나는 우선 부모님과 동생이 채식을 하도록 설득했어. 그래서 지금은 우리 가족 식단에 고기, 생선, 치즈, 달걀 등 동물에서 유래한 제품이 하나도 없어.

이후에는 꼭 필요한 물건만 사도록 해서 필요 없는 소비를 하지 않게 했어.

마지막으로, 이동할 때는 최대한 자전거나 전기 자동차를 이용하도록 했지."

"정말 훌륭해! 이제 어디서든 너를 알아보더라!
 학교에서 줄리아 힐이라는 환경 운동가에 대한 이야기를 들었어. 캘리포니아의 삼나무 숲을 구하기 위해 2년 동안이나 삼나무 위에서 살았다고 해. 줄리아 힐이 삼나무에 사는 동안에는 굴삭기가 나무를 쓰러뜨리고 숲을 파헤칠 수 없었지. 사람들은 숲을 지킨 그녀에게 '버터플라이(나비)'라는 이름을 붙여 주었어."
"그래, 나도 그 이야기를 알고 있어.
 2018년 여름, 스웨덴은 역사상 가장 더운 8월을 기록했어. 이로 인해 80건의 화재가 발생했고, 수많은 나무가 불에 탔지. 나무는 곧 생명이야.
 줄리아 힐은 60미터가 넘는 높은 삼나무 위에서 2년이라는 긴 시간을 어떻게 보냈을까?
 캐나다 소녀 컬리스 스즈키의 이야기도 매우 인상적이었어. 혹시 너도 들어봤니?"

"아니, 못 들어봤어."

"컬리스는 12살 때 1992년에 브라질 리우데자네이루에서 열린 유엔환경개발회의(UNCED)에 참가하여 지구를 위한 연설을 했어. 그때 필요한 여행 경비를 스스로 모금하였지.

6분 동안 세계에서 가장 영향력 있는 각 분야별 어른들이 한 소녀의 연설에 귀를 기울였어. 온라인에 연설 영상이 있으니까 찾아서 들어 봐. 정말 감동적이야."

"알겠어, 꼭 들을게."

"지구 환경을 지키는 일에 나이 제한은 없어. 우리는 목소리를 낼 수 있고, 내야만 해.
 미룰 시간이 없다고. 지금 당장 행동해야 해.
 어른들은 그런 사실을 이해하려 하지도 않기 때문에 우리가 나서야 해."

"나는 더 이상 지켜보고만 있을 수 없었어.

그래서 나무판자에 '기후를 위한 등교 거부'라고 쓰고, 기후 재난에 대한 몇 가지 중요한 정보를 담은 전단지를 준비했어. 그러고 나서 학교에 가는 대신 자전거를 타고 이곳 스웨덴 국회 의사당 앞으로 왔지. 나는 선거 날인 9월 9일까지 계속 여기 있었어.

국회 의원들이 매주 여기 있는 나를 보고 온실가스를 줄이기 위해 뭐라도 해야겠다는 부담감을 느끼기를 바랐어."

아스트리드는 그레타를 보며 마음속 열정이 커져 가는 것을 느꼈어요. 행동하고 싶은 마음은 전염성이 강한 법이죠.

그레타는 이어서 말했어요.

"2015년 파리에서는 기후 변화에 대한 회의가 열렸어. 이때 거의 모든 나라들이 파리 협정에 서명했어. 파리 협정은 각 나라들이 기후 변화에 문제가 되는 상황들을 바꾸도록 법적으로 규제하는 최초의 계약이야."

"응, 나도 알고 있어. 그런데 파리 협정 이후에도 큰 변화는 없는 것 같아. 지구 기온은 갈수록 상승하고 있고……."

"맞아. 형식적인 약속만 하고 환경을 계속해서 오염시키고 있지. 협정 목표는 지구 평균 기온을 상승시키는 이산화탄소 배출을 줄이는 건데 말이야."

"저기 앞에 있는 도로만 해도 교통량이 얼마나 많은지 봐 봐! 전부 휘발유 자동차들이지. 환경을 오염시키지 않는 전기 자동차를 사용하도록 장려해야 해."

"나는 부모님께 전기 자동차로 바꾸라고 말해 본 적이 있어. 그런데 비싸다며 안 바꾸시더라고. 내가 운전면허를 따면 난 꼭 전기 자동차를 살 거야."

아스트리드가 다짐하듯 말했어요.

"너희 부모님께서 네가 학교를 안 가겠다고 했을 때 어떤 반응을 보이셨는지 아직 얘기를 못 들었네. 부모님도 네 결정에 동의하셨니?"

"아니, 처음에는 이해를 못 하셨어. 하지만 내 의지가 확고하자 결국에는 받아들이셨지. 시위 첫날에는 나 혼자였어. 그리고 점차 사람들이 관심을 보이면서 하나둘씩 합류했지. 결국에는 언론에서도 취재를 했어.

선거가 끝난 후에도 나는 시위를 계속했어. 금요일에만 나가긴 했지만. 그동안 다른 친구들도 행동하기 시작했어. 그리고 난 10월에 핀란드 헬싱키로 가서 기후 변화에 맞선 시위에 1만 명이 넘는 사람들과 함께 참여했어."

"내 이름이 인터넷을 통해 널리 퍼지자, 오스트레일리아 학생들에게도 영향을 미쳤어. 그들도 '기후를 위한 등교 거부'에 동참했지.

어떤 사람들은 그 학생들이 단지 수업을 땡땡이치고 싶어서 등교 거부를 했다고 비난하는데 그게 말이 된다고 생각해?

과학자들의 의견이 무시당하는 세상에서 학교에 다니는 것이 무슨 소용이 있어? 자동차 배기가스, 하루 종일 켜 있는 난방기, 공장들이 뿜어내는 연기……. 이렇게 가다가는 돌이킬 수 없는 재앙이 닥칠 거라고 과학자들은 오래전부터 주장해 왔어. 그렇지만 사람들은 아랑곳 않고 계속 환경을 오염시키고 있어."

아스트리드는 배낭에서 생수병을 꺼내어 한 모금 마셨어요.

"플라스틱 병을 사용하면 안 돼. 나처럼 물통을 갖고 다니면 플라스틱 쓰레기를 줄일 수 있어. 플라스틱 병 하나가 분해되는 데 수백 년이 걸려.

플라스틱은 바다 생물들의 생명을 위협할 뿐 아니라 미세 플라스틱으로 산산이 부서져서 바다를 오염시키고 결국 사람들 배 속으로 들어가게 돼."

"네 말이 맞아. 앞으로는 불편해도 일회용품을 사용하지 않을게."

"지구를 구하는 건 바로 우리들의 작은 실천이야."

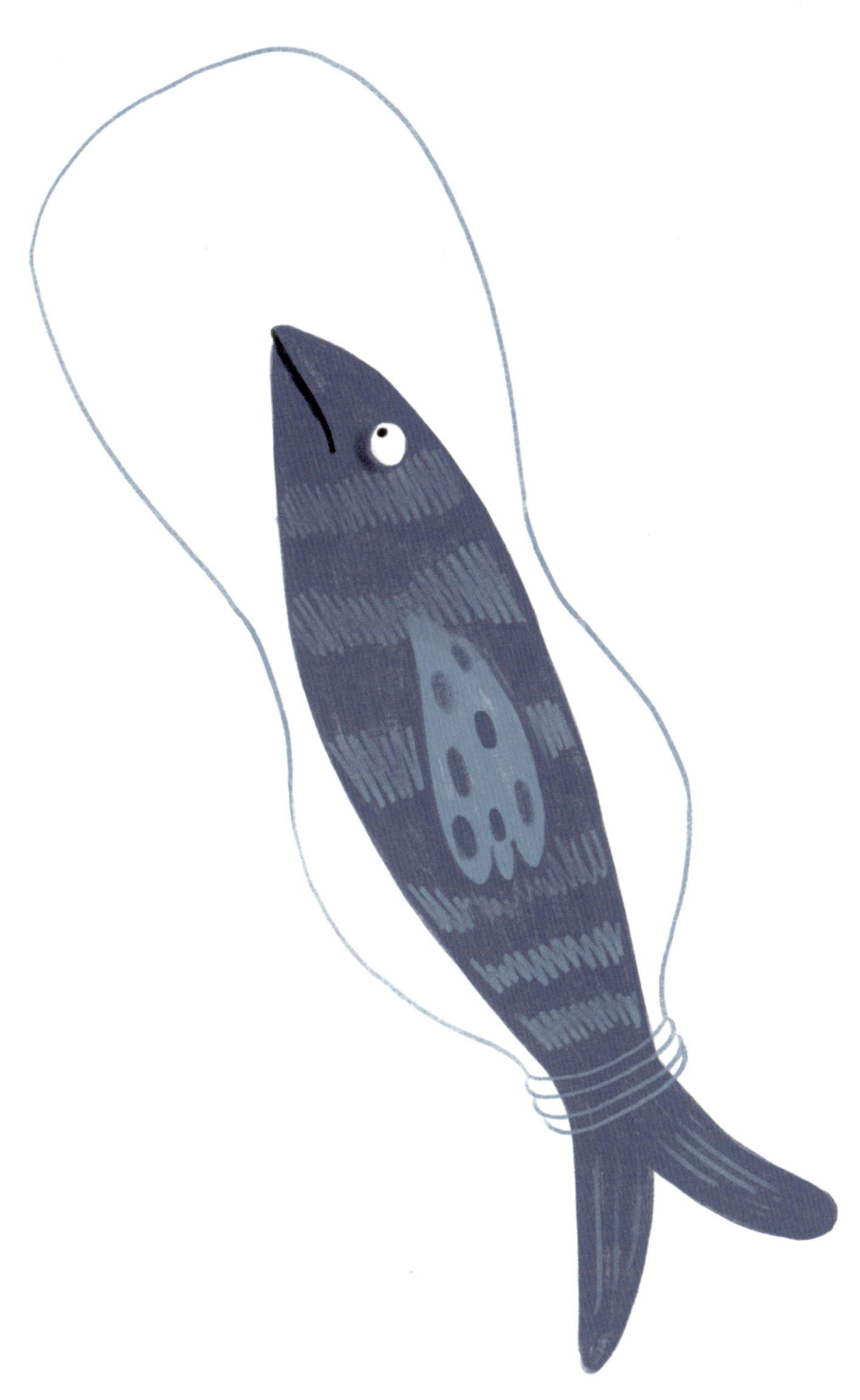

"너는 폴란드 카토비체에서 열린 유엔기후변화협약 당사국 총회까지 다녀왔잖아. 그때부터 전 세계 사람들이 네가 누구이고, 지구를 위해서 어떤 일을 하는지 알게 됐지. 그렇게 유명해질 줄 예상했던 거야?"

"아니. 난 유명해지려 행동한 게 아니야. 단지 내 생각을 말하고 싶었고, 중요한 결정을 하는 사람들이 내 이야기에 귀 기울이도록 하고 싶었지.

그때가 2018년 12월 4일이었어. 세계 지도자들 앞에 섰던 그날을 생생하게 기억하고 있어."

"대단하다! 그럼 그날 했던 연설은 기억하니?"

"물론이지. 지금도 외우고 있어."

제 이름은 그레타 툰베리이고, 15살이며 스웨덴에서 왔습니다. 많은 사람들이 스웨덴 같은 작은 나라가 세상을 변화시킬 수 없다고 합니다. 하지만 저는 변화를 만들어 내기에 너무 작은 사람은 없다고 배웠습니다.

저와 같은 학생들이 등교를 하지 않고 지구 환경을 위한 시위를 하고 있습니다. 그러나 전 세계 사람들이 모두 힘을 합친다면 얼마나 더 큰 일을 할 수 있을지 상상해 보세요.

그러기 위해서는 우리는 명확하게 목소리를 내야 합니다. 이것이 얼마나 불편한 일이 될지는 중요하지 않아요.

여러분은 녹색 경제와 관련한 끝없는 성장에 대해서만 이야기합니다. 유명세를 잃게 될까 봐 두렵기 때문이겠죠. 우리를 이 지경까지 끌고 온 잘못된 생각들처럼 앞으로 나아가는 일

에 대해서만 이야기하기에 바쁩니다. 그러나 저는 인기가 없어지는 건 중요하지 않아요. 저는 기후 정의가 중요하고, 지구 환경이 중요합니다.

부자들이 호화롭게 사는 일에 우리 생활권이 희생되고 있습니다. 소수의 호화로운 삶을 보장하기 위해 다수가 고통받고 있지요.

2078년에 저는 제 75번째 생일을 기념할 겁니다. 제게 자녀나 손주가 있다면 그 아이들이 이렇게 물을지도 몰라요.

"2018년에 살았던 그 사람들은 지구 환경을 지킬 시간이 있었는데도 왜 아무것도 하지 않았나요?"

여러분은 자식들을 그 무엇보다 사랑한다고 말하지만 사실상 바로 눈앞에서 그들의 미래를 훔치고 있습니다. 정치적으로 어떤 결정이 나올지를 생각하기보다 마땅히 해야 하는 일에 집중해야 합니다. 그렇지 않고서는 어떤 희망도 없습니다. 위기에 진지하게 맞서야 위기를 해결할 수 있습니다.

화석 연료는 땅속에 내버려 두고 형평성에 집중해야 합니다. 그리고 이런 방법으로 해결책을 찾을 수 없다면 방법을 바꿔야 합니다.

저는 세계 지도자들에게 이런 일을 맡아 달라고 애원하러 온 것이 아닙니다. 과거에도 이런 말을 무시했고, 앞으로도 그럴 거니까요.

여러분에게는 더 이상 핑곗거리가 없고, 저희에게는 시간이 없습니다. 모든 미래 세대의 눈이 여러분을 지켜보고 있습니다. 계속 제대로 된 결정을 하지 않고 실망시킨다면 결코 용서하지 않을 것입니다. 전 세계가 깨어나고 있습니다. 여러분이 좋든 싫든 간에 변화가 다가오고 있다는 것을 알려 드리기 위해 저는 여기 이 자리에 섰습니다.

"정말 멋진 연설을 했구나!"

"하지만 난 거기서 멈추지 않았어. 스위스 다보스에서 경제 포럼이 열린다는 소식을 듣고 거기에도 참석했어. 나는 계속해서 권력자들에게 이야기하고 싶었어."

아스트리드는 다보스가 뭔지 떠올리려 눈동자를 좌우로 굴리며 생각했어요.

"다보스 포럼이 뭔지 알아?"

그레타가 물었어요.

"음……, 몰라. 어떤 내용인지 설명해 줄 수 있어?"

"매해 스위스 다보스에서 열리는 세계 경제 포럼이야. 정치, 사회 분야 대표들이 모여 뜨거운 관심을 불러일으키는 경제 문제에 대해 논의하지.

그 기간 동안 언론의 관심은 이 포럼에 집중되기 때문에 세계적인 권력가들에게 다가설 수 있는 절호의 기회라고 생각했어. 나는 그 자리에 참석한 가장 어린 참가자였어."

"훌륭하다!"

"비행기는 탄소 배출량이 너무 많아서 나는 기차를 타고 가기로 했어. 30시간 넘게 혼자서 떠난 아주 긴 여행이었어. 기차를 갈아타기 전 대기 시간에는 텐트를 치고 잤어. 그때 기온이 영하 15도까지 떨어졌었지."

"나는 부모님도 더 이상 비행기를 타지 않도록 설득했어. 공연 때문에 여행을 많이 다니는 엄마에게는 결코 쉽지 않은 일이었지. 그래서 난 우리 엄마가 정말 자랑스러워."

"네가 '불난 집'에 대한 연설을 한 곳이 다보스 포럼 아니니?"

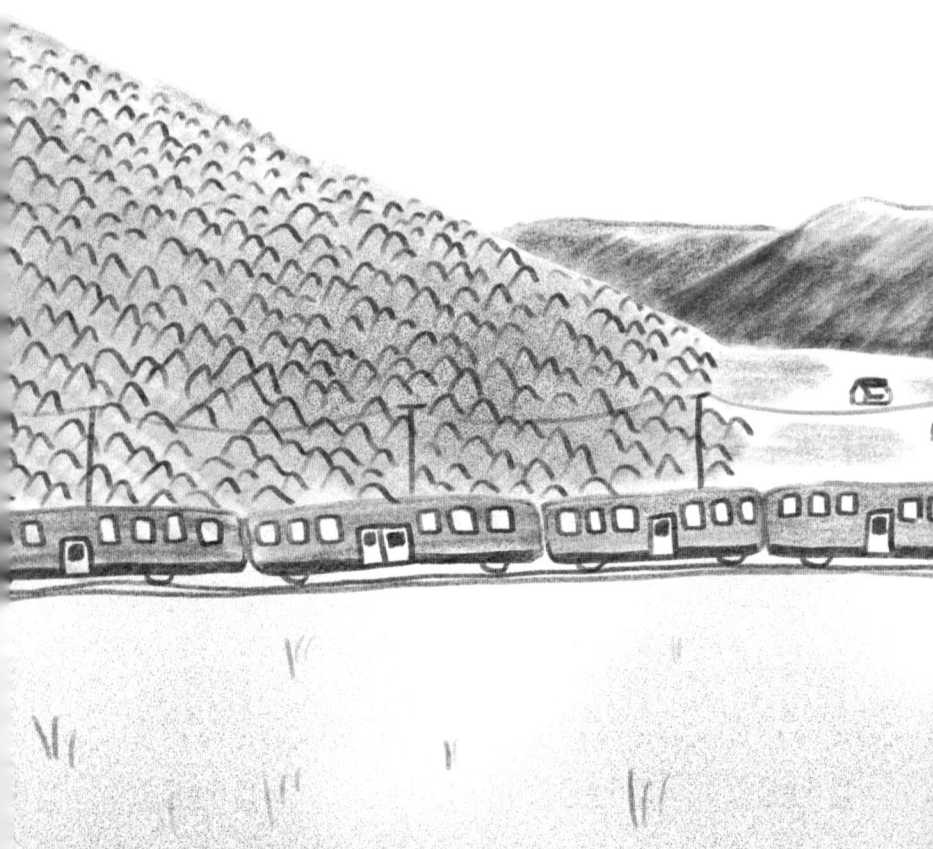

"맞아, 만약 집에 불이 나면 우리는 생각하지 않고 곧바로 행동하잖아. 우리 지구가 그런 위급한 상태란 뜻으로 '불난 집'에 비유했지. 그래서 나는 정치 지도자들에게 이렇게 말했어."

"저는 당신들의 도움을 원하지 않습니다. 여러분의 희망도 필요하지 않아요. 단지 제가 매일매일 느끼는 공포를 여러분도 똑같이 느끼기를 바랄 뿐입니다. 이제 분명하게 말할 때입니다. 기후 위기를 해결하는 일은 인류가 직면한 가장 큰 도전입니다. 우리가 사는 집이 통째로 불타는 일을 예방하려면 서둘러야 합니다."

나는 유럽 연합 위원장 앞에 서서 그의 눈을 똑바로 쳐다보며 말했어.

"파리 협정에 유럽 연합이 진정으로 기여하고자 한다면 2030년까지 오염 물질 배출을 80퍼센트 줄여야 합니다. 이는 여러분이 앞서 발표한 수치의 2배를 줄여야 한다는 뜻입니다. 여러분은 '젊은이들이 지구 온난화를 멈추기 위해 무언가를 하겠지'라고 바라겠지만 우리는 그 일을 해낼 수 있는 자리에 있지 않아요.

시간이 없어요. 앞으로 10년 내로 무언가를 하지 않으면 우리가 이룬 변화와 진보는 아무런 쓸모가 없을 것입니다. 인류 역사상 가장 큰 실패가 될 것이며 우리의 이야기를 듣지 않은 세계 지도자들은 최악의 범죄자들로 기억될 것입니다."

"그 자리에는 나를 도우려 벨기에 학생들도 함께 있었어. 그리고 세계 곳곳에서 학생들이 시위를 시작했어.

나는 알렉산드리아 비야세뇨르라는 13살 된 여자아이와 연락을 주고받았어. 그 친구는 곧 뉴욕 시위의 상징이 되었지. 알렉산드리아는 '기후를 위한 등교 거부 4'를 계획하여 자신이 다니는 학교에서 시위했어.

그 친구도 나처럼 2018년 여름, 미국에서 있었던 폭염과 대형 화재에 충격을 받고 매주 금요일 등교 거부 시위를 추진했어. 3월 15일, 뉴욕에서 열린 대규모 행진 맨 앞에 섰던 사람이 바로 알렉산드리아야."

알렉산드리아 비야세뇨르

그 순간 아스트리드의 표정이 밝아졌어요.

"나도 그 가운데 있었지만, 스톡홀름 행진 때는 수천 명의 사람들이 포스터를 들고 질서 정연하고 조용하게 행진했지. 가끔 한 번 정도만 구호를 외쳤어. 아이들을 데리고 나온 가족들도 있었어. 대부분은 중고등학생이었지만 어른들도 일부 합류했었지.

우리는 하나의 위대한 목표로 연결되어 있었어. 지구를 구하기 위해, 가장 귀한 재산인 숨쉬는 공기를 위해 우리는 한목소리를 냈어. 이 모든 것이 그레타 네 덕분에 가능했어."

그레타는 고개를 저었어요. 칭찬을 듣는 일이 어색했는지도 모르죠.

"나는 다른 사람들이 함께 나서서 행동하도록 도전했을 뿐이야. 우리 세대는 열린 생각과 준비된 마음으로 그 도전을 금방 받아들였고.

사람들은 그날을 '미래를 위한 금요일'이라고 불렀어. 그리고 그 찬란한 금요일에 세계 곳곳 광장에는 123개국 2083개 도시에서 160만 명의 친구들이 함께했지."

"앞으로의 계획은 뭐야?"

아스트리드가 물었어요.

"내가 지금껏 해 왔던 대로 계속할 거야. 그간 너무 작은 변화만 있었어. 아직 우리가 해야 할 일과 해야 할 말이 많이 남아 있어."

"그레타, 고마워. 너와 이야기를 나눌 수 있어서 정말 좋았어. 기사를 써서 최대한 널리 퍼뜨릴게."

아스트리드는 그레타와 인사를 나누고 헤어졌어요.

비가 내렸지만 그레타는 그곳에 남아 점점 멀어져 가는 아스트리드를 바라보았어요.

포스터를 들고 꼼짝 않고 있는 그레타의 모습은 마치 수비대 같았어요. 언젠가 지구가 건강해진다면 노란 우비에 양 갈래 머리를 땋고, 아픈 지구를 대변했던 그 소녀를 우리 모두 기억할 거예요.

집에 돌아온 아스트리드는 인터뷰 녹음을 다시 들으며 노트북에 그레타와 나눈 대화를 옮겨 적었어요. 그리고 인터넷에 그레타의 이름으로 최신 기사들을 검색하다 놀라운 사실을 알게 되었어요. 노르웨이에서 무려 3명의 국회 의원들이 그레타를 노벨 평화상 후보로 추천했다고 해요. 노벨 평화상은 인류 복지에 기여한 사람에게 주는 가장 훌륭한 상이에요.

어린 나이에 이 상을 받는 것이 흔하지 않지만 처음 있는 일도 아니에요. 말랄라 유사프자이는 17살에 모든 어린이의 교육권을 위하여 투쟁한 공로로 노벨 평화상을 받았어요.

나디아 무라드는 25살에 전쟁터에서 성 노예로 소녀들을 학대하는 무장 세력을 폭로하고 인권 운동을 한 공로로 노벨 평화상을 받았어요.

아스트리드는 인터뷰 내용을 이렇게 마무리했어요.

"평화에 대한 존중은 환경에 대한 존중에서 비롯된다. 우리는 대가를 치를 각오도 없이 자연을 희생시켜서는 안 되며 자연과 더불어 살아가야 한다."

이탈리아에도 그레타 툰베리처럼 환경을 지키는 소녀가 있어요. 이탈리아의 알토 아디제 지방 출신 아리안 베네딕테르는 환경 보호에 대한 공로를 인정받아 18살 때 대통령으로부터 '이탈리아 기사' 칭호를 받았어요.

2010년, 아리안의 고모는 그녀를 알토 아디제에서 열린 '지구를 위한 나무 심기' 캠페인에 초대했어요. 거기서 아리안은 친구들과 함께 나무를 심었어요.

그때부터 아리안은 학교에서 지구 환경에 관한 발표를 했고, 환경을 살리는 실천 방법들을 친구들과 나눴어요.

또한 알토 아디제와 베네토 지방 사이에 150그루 이상의 나무를 심었으며, 환경 대사로 이탈리아와 독일을 다녀왔어요.

아리안은 지구 환경을 위해 대중교통과 자전거를 이용하고, 일회용품을 사용하지 않고, 육류 소비를 줄이며, 비닐 봉투 대신 천 가방을 사용하고 있어요.

한국에도 지구를 위해서 기후 변화를 막기 위해 행동하는 청소년 단체가 있어요. 바로 '청소년기후행동'이에요.

기후 위기의 시급성에 공감한 청소년들이 모여 2018년에 만든 단체예요. 사람들에게 기후 위기를 알리고 정부, 기업, 개인의 행동을 촉구하기 위해 다양한 활동을 하지요. 지금까지 3월 15일, 5월 24일, 9월 27일에 대규모 시위를 열었어요.

청소년기후행동에게 몇 가지 물어보았어요.

▶ **기후 변화에 대한 청소년들의 목소리가 왜 중요하다고 생각하나요?**

기후 위기는 세대 간 불평등 문제예요. 어른들이 국내외에 석탄화력발전소를 짓고, 온실가스 감축 계획을 폐기하는 등 무책임한 결정을 내리고 있는데, 여기에 청소년들의 선택권은 없었어요. 우리는 대부분 2000년 이후에 태어났는데, 우리가 태어나기도 전인 1980년대에 이미 이산화탄소 농도가 적정 수준을 넘었어요. 그런데 가장 큰 피해를 입게 되는 건 우리 세대라는 게 굉장히 불공평하다고 생각해요. 청소년은 기후 변화의 피해자이자 당사자인 만큼 기후 운동에서 청소년들의 목소리가 부각되어야 한다고 생각해요.

▶ **9월 27일에 열린 기후를 위한 결석 시위는 어떻게 진행되었나요?**

이번 결석 시위는 가을 운동회 콘셉트로 진행했어요. 탄소공 멀리 차기는 우리 생존권을 위협하는 탄소를 저 멀리 걷어차 버리자는 바람을 담았고, 합동 제기 차기는 다 함께 힘을 모아 지구 온도가 1.5도 이상 뜨

거워지지 않게 지키는 게임이었어요. 또, 여러 가지 기준을 세워 정부 정책을 평가했는데, 기후 위기 대응 점수가 빵점이었어요. 청와대까지 행진해서 기후 위기를 방관한다는 의미에서 만든 '무책임 끝판왕상' 상장과 함께 성적표를 전달했어요.

▶ 결석 시위 외에 향후 계획하고 있는 활동이 있다면 알려 주세요.

청소년 주축으로 소송을 계획하고 있어요. 정부가 온실가스 감축 계획을 폐기하는 등 기후 위기에 제대로 대응하지 않음으로써 권리를 침해했다는 취지지요. 또한, 현재 진행 중인 '응답하라 청와대'를 꾸준히 이어 나가면서, 2020년 총선에서 국회 의원 후보들이 기후 위기에 대응한 공약을 세우도록 '응답하라 국회'도 새롭게 진행할 예정이에요.

▶ 마지막으로 또래 친구들에게 할 말이 있나요?

누구나 자기가 있는 바로 그곳에서 기후를 위한 행동을 할 수 있어요. 스스로 기후 위기에 문제의식을 가졌다면 내가 일상에서 할 수 있는 것들을 고민해 보세요. 자신의 논리로 부모님께 내가 기후 행동을 해야 하는 이유를 설명 드리고 거리로 나와 우리와 함께할 수도 있어요. 또는 온라인으로 기후 위기를 지지하거나, 꾸준히 관심을 갖고 주변 친구들에게 기후 위기에 대응해야 한다고 설득할 수도 있어요.

희망보다 행동!
미래 세대를 위해서 변화하라

그레타 툰베리

8살 때 기후 변화와 지구 온난화를 알게 되다!

그레타 툰베리는 2003년에 스웨덴에서 태어났습니다. 8살 때 처음으로 기후 변화와 지구 온난화라는 말을 접하게 되었습니다. 이후 기후 변화에 관심을 갖고 공부하면서 왜 사람들은 지구 환경이 위태로운 상태에 있는 걸 알면서도 계속 탄소 배출을 하는지 의문을 가지게 됩니다. 그리고 11살 때 아무런 행동도 하지 않는 사람들에게 실망하고 절망감에 빠져 먹지도, 말하지도 않았습니다. 그 일로 두 달 만에 10킬로그램이나 빠졌고, 아스퍼거 증후군이라는 진단을 받았습니다.

어째서 곧 있으면 사라질 미래를 위해 공부해야 하나요?

집에 불이 나면 당장 꺼야 합니다. 그렇지 않으면 모든 삶의 터전이 사라지지요. 그레타에게 지구 환경은 불난 집과 같았고, 학교보다 더 중요한 문제였습니다. 그래서 2018년 8월, 15살이 되던 해 '기후를 위한 등교 거부'라는 포스터를 만들고 학교에 가는 대신 국회 의사당 앞으로 달려갔습니다. 국회 의원들이 경제 성장보다 더 중요한 환경 문제에 관심을 가져 주길 바라는 마음에서 1인 시위를 시작했습니다.

미래를 위한 금요일, 전 세계로 퍼져 나가다!

그레타의 1인 시위는 전 세계 학생들에게 영향을 주었고, '미래를 위한 금요일'은 전 세계적인 기후 운동이 되었습니다. 처음에는 그레타 혼자였지만, 매주 금요일마다 점차 많은 학생들이 등교를 거부하고 그레타와 함께 기후 변화를 위해 당장 행동에 나서야 한다며 사람들에게 호소하기 시작했습니다. 이 운동은 123개국 2083개 도시에서 160만 명의 친구들이 함께했으며, 한국에서는 '청소년기후행동'에서 '기후를 위한 결석 시위'를 조직하고 있습니다.

그레타, 전 세계 정상들에게 경고하다!

그레타는 '기후를 위한 등교 거부'에 그치지 않았습니다. 2018년 12월, 유엔기후변화협약 당사국 총회를 비롯해 2019년 1월 다보스 포럼, 8월 유엔 기후행동 정상회의에 참석하여 전 세계 지도자들에게 아이들의 미래를 훔치지 말라고 경고했습니다.

그레타는 온실가스의 주범인 탄소 배출을 줄이기 위해 비행기 대신 기차를 타고 회의에 참석했습니다. 특히 유엔 기후행동 정상회의에 참여할 때는 태양광 소형 요트를 타고 대서양을 건너기도 했습니다.

2019년 최연소 노벨 평화상 후보에 오르다!

그레타는 2019년 노벨 평화상 후보에 올랐습니다. 만약 이 상을 수상했다면 최연소 수상의 영광을 안았을 것입니다. 그러나 그레타는 "나는 상에는 관심이 없다. 나를 비롯한 어린 세대가 미래를 가질 수 있느냐 없느냐의 문제가 나에게는 중요할 뿐이다."라고 말했습니다.

그 밖에도 국제앰네스티 양심대사상, 노르망디 자유상, 「타임」지 선정 '세계에서 가장 영향력 있는 100인'에 선정되었습니다.